# Inhalt

**Kontraktmanagement**

Kernthesen

Beitrag

Fallbeispiele

Weiterführende Literatur

Impressum

//GENIOS WirtschaftsWissen Nr. 01/2003 vom 09.01.2003//

# Kontraktmanagement

*M. Westphal*

## Kernthesen

- Ein konsequentes Controlling wird in vielen öffentlichen Verwaltungen derzeit nicht durchgeführt, daher wird von vielen Seiten die Einführung eines "privatwirtschaftlich organisierten" Controlling gefordert.
- Es fehlt an einer sinnvollen und zeitlich abgegrenzten Gegenüberstellung von Kosten und Nutzen, sowie ein abgestimmtes Timing.
- Ein sinnvolles Tool, um die verschiedenen öffentlichen Maßnahmen und Aktivitäten effektiv zu koordinieren, stellt das sogenannte "Kontraktmanagement" dar.

## Beitrag

# Öffentliche Verwaltungen auf dem Weg hin zu "privatwirtschaftlichen" Controlling-Ansätzen

Die bestehende Wirtschafts- und Finanzsituation der Kommunen und die sich tendenziell eher verschlechternde Entwicklung ist Ausgangspunkt für zahlreiche Veränderungen in den kommunalen Steuerungsprozessen. Insbesondere die Einführung neuer Steuerungsmodelle und die Etablierung eines Controlling stehen im Vordergrund.

Wesentliches Merkmal eines Unternehmens der freien Wirtschaft ist seine fast ausschließliche Orientierung an der Marktlage. Auch wenn man den öffentlichen Verwaltungen eine Orientierung an Bürger- und Kundenwünschen unterstellt, so sind die Kommunen kraft Gesetzes dazu verpflichtet, ihnen von der Politik übertragene Aufgaben zu erfüllen, ohne dass eindeutige Regelungen für die Finanzierung und ebenso die Finanzierbarkeit getroffen werden. Somit orientiert sich die kommunale Aufgabenerfüllung nicht nur an Maßnahmen, die sich "rechnen" bzw. "vom Markt nachgefragt werden" wie bei privatwirtschaftlich geführten Unternehmen.

Optimieren können die öffentlichen Verwaltungen nur aus zweierlei Sicht: Optimierung der Prozesse, sowie Fixierung von kommunalspezifischen Standards (da es den Gemeinden zwar auferlegt ist, Pflichtaufgaben zu erfüllen, das Gesetz aber hinsichtlich Umfang und Qualität der Aufgabenerfüllung alle Fragen offen lässt.

Es werden in einer an die Privatwirtschaft angelehnten Zielvereinbarung vereinbarte Sachziele den Finanzzielen (also dem Einsatz der kommunalen Ressourcen) gegenübergestellt. Die Finanzziele leiten sich derzeit aus dem Postulat des Haushaltsausgleichs oder den Konsolidierungserfordernissen ab und definieren den finanziellen Rahmen für die konkrete Ausgestaltung der Sachziele.

Ein wesentliches Problem in der öffentlichen Verwaltung stellt auch die nicht vorhandene Incentivierung im Sinne einer effizienten Budgetnutzung dar. Nur wenn die Verwaltungen wirklich Budgetverantwortung und Fachverantwortung zusammenlegen und Budgetverbesserungen in dem jeweiligen Budget verbleiben (ebenso wie Misserfolge dem entsprechenden Budget zugerechnet werden), kann ein erster Schritt zu effizienterer Mittelverwendung geleistet werden, da die bestehenden öffentlichen Besoldungs- und Tarifverträge eine gehaltliche Incentivierung derzeit nicht zulassen.

# Kosten- / Nutzen-Gegenüberstellung in zeitlich sinnvollen Strukturen

Die öffentlichen Verwaltungen bedienen sich in der Regel des Steuerungsinstruments Haushalt, der den einzelnen Aufgaben und Dienststellen Finanzmittel zuweist. Im betriebswirtschftlichen Sinne ist dieses aber nur eine Input-Betrachtung, die die wesentliche Outputbetrachtung der gebotenen Leistungen der Kommune an die Bürger nicht berücksichtigt. Durch die neuen Steuerungsinstrumente wie das Kontraktmanagement wird ein Paradigmenwechsel angestoßen, der diesen Output in den Vordergrund der Betrachtung stellt.

# Das Kontraktmanagement

Basis für diese Aktivitäten war das schon vor 10 Jahren in der niederländischen Stadt Tilburg vorgestellte neuartige Administrations- und Politikmodell, auch unter dem Namen "Tilburger Modell" bekannt, welches auch in den deutschen Kommunalverwaltungen eine breite Reformbewegung ausgelöst hat.

Probleme ergeben sich für öffentliche Verwaltungen vornehmlich aus der Situation, dass die Parlamente aufgrund mangelnder finanzieller Ausstattung Stellen in der Verwaltung streichen. Gleichzeitig aber werden kontinuierlich neue Aufträge platziert. Die Verwaltung wird überschüttet mit Aufträgen zu internen Prüfungen, immer neuen Finanzplänen oder Gutachten, oder gar Anträgen zur Überprüfung, warum die Aufträge nicht zeitnah erledigt werden. Nebenbei muss die öffentliche Verwaltung darüber hinaus noch ihrem urgeigensten Auftrag, der Arbeit für den Bürger, nachkommen.

## Vertrag zwischen Politik und Verwaltung

Hier kann das Kontraktmanagement einen Ausweg schaffen, indem es in einem Vertrag zwischen Politik und Verwaltung zu jeder Aufgabe festlegt, wer bis wann welche Aufgaben leisten muss und wann der Auftrag abgeschlossen werden kann. Zwar kann es dann vorkommen, dass zwischen dem Datum des

Auftragseingangs und dem geschätzten Erledigungstermin Monate oder gar Jahre liegen, aber zumindest käme etwas Transparenz in den gesamten Auftragsprozess und es könnte dazu führen, sich auf die wesentlichen Arbeiten zu konzentrieren, mit klar definierten Zielen und Umsetzungen. Außerdem würde transparent gemacht werden, welche Aufträge in welcher Reihenfolge abgearbeitet werden müssten, Überlastungen würden vermieden. (2)

Basis des Kontraktmanagement ist eine Methode zur Behebung struktureller Defizite traditioneller Organisationskonzepte des öffentlichen Sektors. Bekannt ist diese Methode auch unter "New Public Management" oder "Neues Steuerungsmodell", welches sich mit der Verwaltungsmodernisierung durch Einführung einer Kosten- und Leistungsrechnung aber auch Entwicklung kommunaler Vergleichsringe und der Optimierung der Kommunikationsprozesse zwischen den einzelnen Ebenen der Verwaltung beschäftigt.

Wesentliches Ziel der Kontrakte ist die Verantwortungsabgrenzung zwischen Politik und Verwaltung aber auch verwaltungsintern. Die Steigerung der Leistungserstellung kann nur über eine notwendige Autonomie der Fachbereiche erreicht werden, durch Delegation von Fach- und Ressourcenkompetenz. Darüber hinaus sollen die hierarchischen Beziehungen modifiziert werden, durch eine hierarchieübergreifende Zusammenarbeit, anstelle von Weisungen, die strikt den hierarchischen Organisationsstrukturen folgen.

## Anpassung an ein dynamisches Umfeld

Mit diesem Konzept kann eine erhöhte Anpassungsfähigkeit an ein dynamisches Umfeld begründet werden. Analogien zu einem Management by Objectives als Form eines Dialoges zwischen den verhandelnden Parteien sind nicht zu verneinen. Somit ist Kontraktmanagement ein Steuerungs-, Planungs- und Controllinginstrument, bei dem zwischen verschiedenen Ebenen innerhalb einer Organisation verbindliche Absprachen über einen bestimmten Zeitraum getroffen werden.

Selbstverständlich müssen in den Kontrakten Umsetzungsregelungen, Berichtspflichten der Leistungsersteller, sowie positive und negative Kontraktfolgen sowie Änderungsmöglichkeiten festgehalten werden, genauso wie die Verankerung von Incentivierungen. Als Outputziele können Mengen-, Qualitäts-, sowie Preis- und Entgeltregelungen in Erscheinung treten. Um eine sinnvolle Effizienzmessung zu ermöglichen, müssen daneben auch Inputziele verhandelt werden, wie Finanz (Budgets-), Kosten- und Erfolgsziele. (3)

Ein Kontrakt setzt zwei gleichberechtigte Partner voraus. Das Verhältnis von Politik und Verwaltung entspricht nicht dieser Anforderung. Solange aber der Beschluss als Basis des Kontraktes auf einem kooperativen Beratungsprozess zwischen Politik und Verwaltung basiert, kann man von einem gemeinsam getragenen Kontrakt ausgehen.

Jede Kommune muss individuell ein auf die eigenen Bedürfnisse abgestimmtes Steuerungsmodell einführen. Das einheitliche und für alle gültige Kontraktmanagement gibt es nicht.

# Fallbeispiele

Nachdem die Mainzer Alten- und Wohnheim GmbH (MAW) im Jahre 2000 einen Jahresfehlbedarf von 2,3 Millionen DM erwirtschaftet hat, wurde auf Druck des Aufsichtsrates im vergangenen Jahr eine Wirtschaftlichkeits- und Organisationsuntersuchung in Auftrag gegeben. Wesentliche Ergebnisse waren, dass der Materialaufwand und die Personalkosten signifikant gestiegen sind. Die alten und maroden Gebäude benötigen einen zu hohen Instandhaltungsaufwand sowie zu hohe Energieaufwendungen und die Häuser sind zu schlecht ausgelastet, bzw. die Stationen sind in Relation zum Personal zu klein. Maßnahmen sind Schließungen zweier von vier Pflegehäusern und Konzentration auf die verbleibenden beiden Häuer mit größeren Abteilungen und Haustarifverträgen anstelle BAT-Vergütungen. (5)

Um auch für öffentliche Verwaltungen ein zielführendes Controlling zu gewährleisten, haben die Grünen im Stuttgarter Gemeinderat die Gründung einer "Investitionscontrolling GmbH" durch die Stadt vorgeschlagen. Ausgangspunkt sind die massiven Verteuerungen städtischer Bauprojekte. Der Vorteil einer solchen GmbH, der das komplette städtische Investitionscontrolling übertragen werden soll, ist, dass Spitzenkräfte zu arbeitsmarktgerechten Gehältern verpflichtet werden können. (6)

Das Usinger Bauamt unter seiner Leiterin Suat Bischoff führt das Kontraktmanagement ein, welches als "Projektplanungs- und Berichtssystem" tituliert wird. Innerhalb dieses neuen Systems werden politische Beschlüsse zu Baumaßnahmen aufgenommen, die verantwortlichen Projektleiter benannt, sowie die jeweiligen Bearbeitungsstände in dreimonatlichem Turnus detailliert aktualisiert. Derzeit befinden sich rund 80 Projekte in Bearbeitung, für die jeweils auch eine in Absprache zwischen Verwaltung und Parlament getroffene Priorität zwischen 1 und 5 vergeben wird. Zwar bedeutet dieser Formalismus zusätzliche Arbeit für die Mitarbeiter des Bauamtes, allerdings müssten die in den Kontrakten gesammelten Informationen sowieso regelmäßig beschafft werden und durch diese neuen Strukturen ließen sich viele interne Abläufe effektiver gestalten. Die vertragliche Abstimmung zwischen Politik und Verwaltung führt zu detaillierten Projektinformationen. So könnte das Parlament jetzt nicht einfach nur beschließen, dass ein Kindergarten gebaut würde, sondern es müsste exakt festgehalten werden, wo der Bau stattfinden soll, wie groß er sein soll, wie hoch die Kosten sein dürfen, wann der gewünschte Fertigstellungstermin ist und sogar, welche Einrichtung beschafft werden sollte. Diese Ausarbeitungen versetzen somit die Mitarbeiter des Baubereichs in die Lage, z. B. ein Veto einzulegen, wenn der geplante Fertigstellungstermin aufgrund verschiedener Projektüberschneidungen mit der vorhandenen Arbeitskapazität nicht rechtzeitig geleistet werden kann. Abschließend gibt es, wenn alle Punkte einvernehmlich zwischen Politik und Verwaltung geklärt sind, einen Vertrag, der die zwischen beiden Seiten getroffenen Abmachungen fixiert. [7]

Die Stadt Offenbach verfolgt das Ziel, seine, unter der "Stadtwerke Offenbach Holding GmbH" zusammengeschlossenen städtischen Gesellschaften, zu mehr Leistung für weniger Geld und zufriedenen Kunden zu entwickeln. Die Holding hat im vergangenen Jahr unter anderem ihr Controlling und ihre Finanz- und Liquiditätsplanung ausgebaut und sich auf die Entwicklung neuer Geschäftsfelder konzentriert.

Um die gesteckten Ziele zu erreichen könnten die einzelnen Gesellschaften unterschiedliche Wege beschreiten. Sie können sich Partner aus der Privatwirtschaft als Beteiligungsunternehmen suchen, oder aber sich auch völlig privatisieren.

So möchte z. B. die "Mainviertel Offenbach GmbH & Co KG" den ehemaligen Offenbacher Hafen zu einem hochwertigen Quartier für Wohnen, Freizeit und Büros entwickeln. Dafür allerdings wird ein privatwirtschaftlicher Partner benötigt, da die notwendigen Investitionen von alleine 20 Millionen Euro zur Beseitigung der Altlasten und noch einmal der gleiche Betrag für die Erschließung vom Stadtkonzern nicht geleistet werden können.

Ebenso wird die Eso Dienstleistungsgesellschaft, die unter anderem für die Müllabfuhr zuständig ist, genau überprüfen, welche Aufgaben sie sehr gut und effizient leisten kann und für alle anderen Themen eine Privatisierung der Dienstleistungen anstreben.

Die kommunalen Verkehrsbetriebe stehen hingegen vor dem Problem, eine vernünftige Größe zu erreichen. Das Unternehmen ist auf Dauer zu klein und muss sich somit um die Hereinnahme eines Partners oder einer Beteiligung an einer gemeinsamen Gesellschaft bemühen. (1)

# Weiterführende Literatur

(1) Stadtkonzern auf Suche nach Partnern
aus Frankfurter Allgemeine Zeitung, 02.11.2002, Nr. 255, S. 68

(2) Rückblende
aus Taunus-Zeitung vom 12.10.2002, S. 15

(3) Ochlast, Siegfried, Kontraktmanagement, Controlling, Nr. 10/2002, S.579-580
aus Taunus-Zeitung vom 12.10.2002, S. 15

(4) 10 Jahre "Tilburger Modell" - Bilanz der Verwaltungsmodernisierung
aus Finanzwirtschaft, Heft 8/2002, S. 214-218

(5) Jahr für Jahr Millionenverluste eingefahren
Gutachter: Sanierung maroder Gebäude lohnt sich nicht / Controlling dringend empfohlen
aus Allgemeine Zeitung vom 24.10.2002

(6) Grüne fordern Controlling GmbH
aus Stuttgarter Zeitung, 12.10.2002, S. 24

(7) Verwaltung will Verträge mit Politik
aus Taunus-Zeitung vom 10.10.2002, S. 20

# Impressum

## Kontraktmanagement

### Bibliografische Information der deutschen Nationalbibliothek

Die Deutsche Nationalbibliothek verzeichnet diese Publikation in der deutschen Nationalbibliografie; detaillierte bibliografische Daten sind im Internet über http://dnb.d-nb.de abrufbar.

ISBN: 978-3-7379-0131-4

© 2015 GBI-Genios Deutsche Wirtschaftsdatenbank GmbH, Freischützstraße 96, 81927 München, www.genios.de

Alle Rechte vorbehalten. Dieses Werk ist einschließlich aller seiner Teile – z.B. Texte, Tabellen und Grafiken - urheberrechtlich geschützt. Jede Verwertung außerhalb der Grenzen des Urheberrechtsgesetzes bedarf der vorherigen Zustimmung des Verlags. Dies gilt insbesondere auch für auszugsweise Nachdrucke, fotomechanische Vervielfältigungen (Fotokopie/Mikroskopie), Übersetzungen, Auswertungen durch Datenbanken oder ähnliche Einrichtungen und die Einspeicherung und Verarbeitung in elektronischen Systemen.